Bibliografische Information der Deutschen Nationalbibliothek:

Die Deutsche Bibliothek verzeichnet diese Publikation in der Deutschen National-
bibliografie; detaillierte bibliografische Daten sind im Internet über http://dnb.d-
nb.de/ abrufbar.

Impressum:

Copyright © 2009 GRIN Verlag, Open Publishing GmbH
Druck und Bindung: Books on Demand GmbH, Norderstedt Germany
ISBN: 9783640665228

Dieses Buch bei GRIN:

http://www.grin.com/de/e-book/147059/anwendungsgebiete-fuer-selbst-adaptive-
software

Ahmad Mirkhani

Anwendungsgebiete für Selbst-adaptive Software

GRIN Verlag

GRIN - Your knowledge has value

Der GRIN Verlag publiziert seit 1998 wissenschaftliche Arbeiten von Studenten, Hochschullehrern und anderen Akademikern als eBook und gedrucktes Buch. Die Verlagswebsite www.grin.com ist die ideale Plattform zur Veröffentlichung von Hausarbeiten, Abschlussarbeiten, wissenschaftlichen Aufsätzen, Dissertationen und Fachbüchern.

Besuchen Sie uns im Internet:

http://www.grin.com/

http://www.facebook.com/grincom

http://www.twitter.com/grin_com

GEORG-AUGUST-UNIVERSITÄT GÖTTINGEN

INSTITUT FÜR WIRTSCHAFTSINFORMATIK

PROFESSUR FÜR ANWENDUNGSSYSTEME UND E-BUSINESS

SEMINAR ZUR WIRTSCHAFTSINFORMATIK

Wintersemester 2008/2009

Anwendungsgebiete für
Selbst-adaptive Software

Ahmad Mirkhani

vorgelegt am 12.12.2008

Inhaltsverzeichnis

Abbildungsverzeichnis

Abkürzungsverzeichnis

CADDMAS	Computer Assisted Dynamic Data Monitoring and Analysis System
CD	Compact Disc
DARPA	Defense Advanced Research Projects Agency
DSP	Digital Signal Processing
E-Mail	Electronic Mail
eHome	Electronic Home
GFLOPS	Giga Floating Point Operations Per Second
GPS	Global Positioning System
GSM	Global System for Mobile Communication
IEEE	Institute of Electrical and Electronics Engineers
J2EE	Java Platform, Enterprise Edition
KHz	Kilohertz
LBS	Location Based Services
LCD	Liquid Crystal Display
MB/s	Megabyte pro Sekunde
MM	Mobile Marketing
MMS	Multimedia Messaging Service
MP3	Moving Picture Experts Group-1 Audio Layer 3
NASA	National Aeronautics and Space Administration
PC	Personal Computer
PDA	Personal Digital Assistant
SMS	Short Messaging Service
TCP	Transmission Control Protocol
TV	Television
UMTS	Universal Mobile Telecommunications System
WIMP	Windows, Icons, Menus, Pointer
WLAN	Wireless Local Area Network

1 Einleitung

„Servicetechniker A beginnt morgens den Arbeitstag zu Hause... Er startet eine Anwendung auf seinen tragbaren Computer, die über den WLAN-basierten häuslichen Internetzugang auf seine Auftragsliste in der Datenbank seiner Firma zugreift. Während er beim Frühstück sitzt, lässt er sich die Aufträge per Sprachausgabe vorlesen. Dann fährt er mit der Bahn ins Büro. Die Anwendungen auf dem mobilen Computer passen sich an die neue Umgebung an: Die Daten werden jetzt per UMTS übertragen und erscheinen nur auf dem Bildschirm ohne Sprachausgabe. Im Büro erscheinen die Informationen nicht auf dem mobilen PC, sondern die Anzeige wechselt adaptiv auf den Bildschirm des stationären Schreibtisch-PCs..." (vgl. Geihs 2008, S. 133)

So könnte ein Anwendungsszenario für selbst-adaptive Anwendungen auf mobilen Computern aussehen. Das Interesse an anpassungsfähiger Software ist in den letzten Jahren angestiegen. Die Gründe dafür sind zum einen die zunehmende Verbreitung leistungsfähiger mobiler Geräte wie PDA, Notebook und Smartphone. Zum anderen ermöglichen neue Softwaretechniken die Entwicklung von Kontextadaptivität in einer Anwendung: Software-Komponenten-Frameworks (z.B. .NET) erlauben es, dynamisch zur Laufzeit Komponenten hinzuzufügen oder zu entfernen, Komponenten zu migrieren und Komponentenverbindungen zu verändern.

Ziel dieser Arbeit ist es, einige Einsatzmöglichkeiten anpassungsfähiger Software vorzustellen, die bereits realisiert worden sind. Im Grundlagenteil wird zunächst selbst-adaptive Software definiert. Zudem wird ein kurzer Überblick über die Hauptideen von Mobile und Ubiquitous Computing gegeben. Das dritte Kapitel befasst sich allgemein mit den Rahmenbedingungen für selbst-adaptive Systeme und den Anforderungen an solche Systeme. Kapitel vier beginnt mit einer kurzen Begründung zur Auswahl von Anwendungsgebieten die daraufhin dargestellt werden. Die Arbeit schließt mit einer Zusammenfassung und einem Ausblick ab.

2 Grundlagen

Die Kommunikation zwischen Mensch und Computer ist in unterschiedlicher Weise beschränkt. Ein Problem ist, dass der Computer die Sprache der Menschen nicht verstehen, den Hintergrund und Situation des Benutzers nicht auffassen und somit die Welt nicht begreifen kann. Deshalb muss der Mensch die Informationen für den Computer bereitstellen, und zwar in expliziter Form. Dieser Prozess ist fehleranfällig, zeitaufwändig, und verringert die Benutzerakzeptanz (vgl. Haselhoff 2005a, S. 10). Die Vision der „selbst-Adaptivität" oder „Kontextadaptivität" („context-awareness") zielt darauf ab, obiges Problem zu verringern, in dem die Kommunikation zwischen Mensch und Maschine vereinfacht und effizienter wird. Diese wird in verschiedenen Forschungsbereichen, z.B. dem „Ubiquitous Computing" evident.

2.1 Mobile und Ubiquitous Computing

Mobile Computing

Mobile Computing ist als ein Paradigma aufgetaucht, in dem die Benutzer ihre Computer mit sich tragen können und gleichzeitig eine Konnektivität zu anderen Maschinen bewahren (vgl. Coulouris et al. 2006, S. 658). Unter Mobile Computing versteht man die mobile Verfügbarkeit oder Überall-Verfügbarkeit der Informationen und Dienste (vgl. Caus 2006, S. 6 f.). Es beschäftigt sich also mit zwei Gebieten der Computernutzung: Der *Tragbarkeit* und der *Konnektivität*. Die Tragbarkeit hat besonders seit Ende der achtziger Jahre, als die ersten Laptops entwickelt worden sind, die Wissenschaftler interessiert. Technologische Fortschritte in beiden Bereichen haben seitdem zur besseren Funktionalität und Performance geführt (vgl. Coulouris et al. 2006, S. 658). Eine Folge des Mobile Computing ist das „Continuous Computing": Die Verfügbarkeit preisgünstiger mobiler Geräte und drahtloser Internet-Zugänge für alle schaffen ein neues Internet (Rousch 2005, S. 56). Besonders in Anwendungsszenarien, in denen die Mobilität von Benutzern das

Systemverhalten beeinflusst, lässt sich der Bedarf kontextadaptiver Systeme (Kapitel 2.2) einfach begründen. Die Umgebung eines mobilen Nutzers (Kontext) ändert sich stetig (Kapitel 3.1). Dazu gehören sein gegenwärtiger Aufenthaltsort, sowie Personen und Gegenstände etc. in seiner direkten Nähe. Die Konzepte des Mobile Computing werden ganz besonders in Ubiquitous Computing benutzt.

Ubiquitous Computing

Ubiquitous Computing bezeichnet die Allgegenwärtigkeit der rechnergestützten Informationsverarbeitung im Alltag von Menschen. Diese wird als Ergebnis einer Entwicklung gesehen, an deren Anfang die Mainframe-Nutzung stand, die auf Dauer über die PC-Ära hinausreicht und hin zur Ubiquitous Computing-Ära führen wird. Diese drei Zeitphasen werden hier kurz erläutert:

1. *Mainframe*: Ein Computer, viele Anwender. Die Benutzer teilen sich eine kostbare Ressource. Sie sind Experten, die zur Benutzung der Maschine ausgebildet sind.

2. *PC*: Ein Computer, ein Anwender. Der Computer ist ein persönlicher Gegenstand. Jeder kann nach einem entsprechenden Training einen Computer benutzen.

3. *Ubiquitous Computing*: Ein Anwender, viele Computer. Die Computer werden so alltäglich und z.T. derart unsichtbar, dass sie nicht mehr wahrgenommen werden. Jeder kann sie benutzen.

Der Begriff „Ubiquitous Computing" wurde zum ersten Mal Anfang der 90er Jahre von Mark Weiser verwendet. Er sprach von einem unsichtbaren und unaufdringlichen Computer welcher allgegenwärtig (ubiquitär) ist und den Menschen bei seinen Arbeiten und Tätigkeiten besser unterstützt und ihn von lästigen Routineaufgaben befreit. Generell soll der Computer als Gerät verschwinden, aber dessen informationsverarbeitende Funktionalität überall verfügbar sein (vgl. Mattern 2003, S. 3).

Krcmar hat einige Ansätze des Ubiquitous Computing wie folgt, dargestellt (vgl. Krcmar 2005, S. 507):

• *Verschmelzung*: Computer verschwinden als einzelne, identifizierbare Gegenstände, denen der Mensch gesonderte Aufmerksamkeit schenkt.

- *Spezialisierung*: Computer entwickeln sich von Universalmaschinen hin zu Spezialmaschinen die bestimmte Aufgaben erfüllen.

- *Allgegenwart*: Computer sollen orts- und zeitunabhängig verfügbar werden.

- *Kontext*: Computer werden mehr von der realen Welt erfassen können, anstatt alle Informationen vom Benutzer zu bekommen.

Wenn die Geräte kleiner werden, lassen sie sich unauffälliger in die physikalische Welt integrieren. Dieses führt zu einer größeren Mobilität der Geräte. Außerdem müssen die Computer vernetzt sein. Je verbreiteter *Wireless connectivity* wird, desto einfacher können diese Geräte miteinander verbunden werden.

Eine Integration von Geräten in die Umgebung setzt voraus, dass die Geräte über ihre Umgebung informiert sind, und sich somit der Umgebung anpassen können (vgl. Diekmann/Hagenhoff 2003, S. 11).

2.2 Selbst-adaptive Software

Selbst-Adaptivität erlaubt die Entwicklung von Anwendungen, die sich an die Situation eines Benutzers anpassen. Damit lassen sich nicht nur neue Anwendungstypen entwickeln, auch bereits bestehende Anwendungen lassen sich um diesen Aspekt erweitern.

Aber was ist *selbst-adaptive Software*? In der Literatur sind folgende Definitionen zu finden:

> *„Self-adaptive Software modifies its own behavior in response to changes in its operating environment. By operating environment, we mean anything observable by the software system, such as end-user input, external hardware devices and sensors, or program instrumentation."* (Oreizy et al. 1999, S. 54)

Robert Laddaga -wissenschaftlicher Mitarbeiter an der CSAI Lab, MIT- hat in seiner Arbeit für DARPA (Defense Advanced Research Projects Agency) im Jahre 1997 eine Definition erstellt, welche heute in der Literatur häufig zitiert wird:

> *„Self-adaptive software evaluates its own behavior and changes behavior when the evaluation indicates that it is not accomplishing what the software is intended to do, or when better functionality or performance is*

possible. " (Laddaga/Robertson 2006, S. 1)

Bill N. Schilit hat die context-aware Software als eine Lösung für mobile verteilte Systeme betrachtet: „*One challenge of mobile distributed computing is to exploit the changing environment with a new class of applications that are aware of the context in which they are run...*" (Schilit et al. 1994, S. 1).

Solche Software fördert das Zusammenspiel von Menschen, Geräten und Computern. Dadurch entstehen neue Applikationen und Dienste für die Benutzer. Es ist beispielsweise durch eine selbst-adaptive in den Fahrzeug-Bordcomputer integrierte Software möglich, das Bremsenverhalten automatisch an das Wetter anzupassen, und den Fahrer mit Hilfe des Navigationssystems zum Ziel führen.

Eine selbst-adaptive Software soll sich dem *Kontext* anpassen. Die Interessantesten in der Umgebung sind was die Benutzer sehen, hören und anfassen (vgl. Kapitel 3.1), und genau diese sind die wichtigsten Informationen, die für ein solches Verhältnis zwischen Menschen und Maschinen notwendig sind (vgl. Schilit et al. 1994, S. 1).

Einfache Formen der „dynamischen Adaption" (Kapitel 3.2) sind schon seit langem in Rechnersystemen bekannt. Beispielsweise kann ein Laptop die Helligkeit des Bildschirms automatisch an die Lichtverhältnisse der Umgebung anpassen. Dabei muss es sich nicht notwendigerweise um eine durch Software gesteuerte Adaption handeln. Ein weithin bekanntes Beispiel von in *Software* implementierter Adaptivität ist im Transmission Control Protocol (TCP) des Internet enthalten. TCP passt die Größe des sogenannten Übertragungsfensters an die Last- und Fehlersituation im Netzwerk an (vgl. Geihs 2008, S. 134).

3   Rahmenbedingungen für selbst-adaptive Software

In diesem Kapitel werden zunächst die Aspekte der selbst-Adaptivität beschrieben, dann der Begriff dynamische Adaption und seine Variationen erläutert, und anschließend die Anforderungen an selbst-adaptive Systeme erklärt.

3.1   Aspekte der Selbst-Adaptivität

Merkmale des Kontextes

In der Informatik steht der Begriff *Kontext* für die notwendige Information zur Verwaltung von Prozessen auf Computern. Wenn die Mobilität der Computer steigt, ist es kein Wunder dass der *Ort* am häufigsten im Forschungsbereich *context-awareness* vorkommt. Aber es gibt noch viele andere Kontexte, die automatisch erfasst werden können (vgl. Kapitel 3.3.2). Ihre Wichtigkeit ist von deren Anwendung abhängig (vgl. Pascoe 2001a, S. 179). Beispielsweise, wenn ein MP3-Player seine Lautstärke anpassen soll, muss er den Umgebungslärm feststellen. Es gibt noch andere Faktoren, die sich stetig ändern, wie das Licht, der Netzzugang, die Kommunikationskosten und die Bandbreite; aber auch soziale Situationen, wie ob man zusammen mit seinem Chef oder mit einem Freund einen Kaffee trinkt. Schilit schreibt in seiner Arbeit: *„Three important aspects of context are: where you are, who you are with, and what resources are nearby..."* (Schilit et al. 1994, S. 1).

In einem anderen Bereich, z.B. der Informationslogistik, ist *Aktivität* und *physischer Zustand* relevant (vgl. Haselhoff 2005, S. 70). Die Aktivität des Benutzers ist entscheidend, z.B. wenn ein Student für eine bestimmte Klausur lernt, müssen die relevanten E-Mails (z.B. die mit dem Wort „Klausur" im Betreff) oben auf der Liste geordnet werden. Der physische Zustand des Benutzers zu berücksichtigen ist z.B. in Fitnessgeräte relevant.

Unabhängig vom Anwendungsbereich, gibt es eine Klassifikation von Kontextinformationen (Samulowitz 2002, S. 30 f.) (Caus 2006, S. 9 f.) (Schilit et al. 1994, S. 85-90):

- *Computing Environment* bezeichnet die Menge der verfügbaren Ressourcen, welche dem Benutzer an einem bestimmten Zeitpunkt zugänglich sind.

- *User Environment* bezeichnet den Aufenthaltsort eines Benutzers und die Anwesenheit anderer Personen in der Nähe des Benutzers.

- *Physical Environment* umfasst beispielsweise Informationen zur Umgebungslautstärke und Beleuchtung.

Herausforderungen der Softwareentwicklung

Die neue Situation der Computernutzung (Ubiquitous Computing) unterscheidet sich von jetzigen Anwendungsszenarien der Desktop PCs. Erstens, die neuen Geräte brauchen neue Konzepte für die *Benutzerschnittstellen*. Zweitens, stellt sich die Frage, wie können Anwendungen von *Adaption* profitieren? Außerdem ist eine *synchrone Zusammenarbeit* der Geräten nötig, wo die Kollaboration von zusammenarbeitenden heterogenen Geräten behandelt werden muss (vgl. Tandler 2004, S. 2 f.).

Die Geräte in einer Ubiquitous Computing-Umgebung haben unterschiedliche Eigenschaften, die neue Formen von Interaktion statt traditionelle WIMP (Windows, Icons, Menus, Pointer) benötigen. An Stelle von Mouse und Tastatur, gibt es andere Eingabewerkzeuge wie z.B. *Pen*, *Stimme* usw. Es gibt kleine bis sehr große Bildschirme als Ausgabegeräte, andere haben keinen Bildschirm. Alle Interaktionsformen von verschiedenen Geräten müssen durch eine Software gefördert werden.

Die wichtigste Eigenschaft einer Ubiquitous Computing-Umgebung ist die Anwesenheit mehrerer Geräte in der Umgebung des Benutzers. Damit die Software die Interaktion ausführen kann, sollte sie die Eigenschaften von jedem Gerät kennen. So kann ein kleines Handheld-Gerät einen großen Bildschirm oder eine interaktive Wand in seiner Nähe erkennen und nutzen, um erforderliche Informationen für eine Gruppe von zusammenarbeitenden Menschen bereitzustellen.

Eine andere Herausforderung ist die Nutzung von Ressourcen. Wenn mehr als eine Anwendung gleichzeitig auf einem Gerät läuft, kommt es zur Konkurrenz unter den Anwendungen für *Sensor Ressourcen*. Da kann eine Anwendung andere Anwendungen blockieren; besonders wenn der Bedarf an Sensoren dauerhaft ist (vgl. Pascoe 2001b S. 181).

3.2 Dynamische Adaption

Nicht im Mittelpunkt dieser Arbeit steht die *statische* Adaption der Software, bei der die Anpassung der Softwarearchitektur durch Benutzer durchgeführt wird. Diese Form der Adaptivität wird auch *Entwurfszeitadaptivität* genannt, während der Gegenstand dieser Arbeit die *dynamische* Adaptivität ist, welche auch als *Laufzeitadaptivität* bezeichnet wird (vgl. Geihs 2008, S. 134 f.). Es gibt zwei Formen der *dynamischen* Adaption:

- *Parametrische Adaption* ist die einfachste Form und kommt in vielen Formen in kontextsensitiven Anwendungen vor. Der Zustand der Umgebung beeinflusst interne Parameter der Anwendung und führt zu einem adaptiven Verhalten. Bei der parametrischen Adaption verändert sich nicht die Struktur der Anwendung, sondern nur einzelne Stellgrößen (vgl. Geihs 2008, S. 134). Die Anpassung der Größe des Transferfensters an die Situation im Netzwerk (Kapitel 2.2), ist ein typisches Beispiel dafür. Aber das in der Einleitung beschriebene Szenario ließe sich damit alleine nicht realisieren.

- *Kompositionelle Adaption* ist eine mächtigere Form der Softwareadaption. *„Compositional adaptation results in the exchange of algorithmic or structural parts of the system, in order to improve a program's fitness to its current environment..."* (McKinley et al. 2004, S. 56). Sie ermöglicht es, dass kontextabhängig zur Laufzeit Komponenten der Anwendung ausgetauscht werden oder sogar die ganze Anwendungsstruktur verändert wird. Dadurch kann sich das Verhalten der laufenden Anwendung an die Umgebung anpassen. Im Vergleich zur parametrischen Adaption bietet die kompositionelle Adaption vielmehr Flexibilität und Gestaltungsfreiraum. Ihre Realisierung ist aber auch sehr viel schwieriger. Es ist offensichtlich, dass wir dafür eine entsprechende Systeminfrastruktur und eine hochgradig modulare Anwendungsstruktur brauchen, die dynamisches Binden unterstützt (Geihs 2008, S.135).

Noch ein bekannter Ansatz zur Selbst-Adaption ist das *feed-back-control System*, welcher die automatische Adaption ermöglicht (Hutzler 2008, S. 7). Dieser Ansatz ist

Thema von *autonomic computing* und wird nicht hier berücksichtigt.

3.3   Anforderungen an selbst-adaptive Systeme

3.3.1   Softwareanforderungen und Designkriterien

Adaption zur Laufzeit ermöglicht einer Anwendung sich auf die Situation eines Benutzers anzupassen (vgl. Kapitel 2.2). Um diesen Ablauf zu realisieren, stellt Geihs einen dreistufigen Prozess dar. Erst müssen die Änderungen festgestellt werden. Danach muss entschieden werden, welche Variante sich (bezüglich der Zielfunktion) ändern soll. Dann führt die Umsetzung dieser Entscheidung zur Rekonfiguration der Anwendung. Dafür wird eine spezielle Systeminfrastruktur mit drei Grundfunktionen benötigt (vgl. Geihs 2008, S. 136 f.):

1. Das *Kontextmanagement* überwacht den Anwendungskontext und benachrichtigt das Adaptationsmanagement, falls signifikante Änderungen im Kontext eingetreten sind.

2. Das *Adaptionsmanagement* evaluiert die unterschiedlichen Anpassungsoptionen nach vorgegebenen Kriterien und wählt eine geeignete Anwendungskonfiguration aus.

3. Das *Konfigurationsmanagement* setzt die ausgewählte Anwendungs-Konfiguration um.

Um eine kompositionelle Adaption zu realisieren muss eine Anwendung aus einer Menge von Komponenten bestehen, deren Konfiguration sich zur Laufzeit dynamisch ändern kann. Dafür müssen entweder einzelne Komponenten aus dem Verbund herausgelöst und durch andere ersetzt, oder die Verbindungstopologie der Komponenten geändert werden können. Moderne Komponenten-Frameworks wie .NET und J2EE ermöglichen das dynamische entfernen und Neu-Binden von Komponenten und somit die Adaption der Anwendungsarchitektur, ohne dass dabei manuell eingegriffen werden muss (vgl. Geihs 2008, S. 136).

Im Ubiquitous Computing werden viele Funktionen in mehreren Applikationen verwendet. Tandler beschreibt diese *Wiederverwendbarkeit* für selbst-adaptive

Software wie folgt: „*The software architecture has to be designed in such a way that it eases the reuse of generic and application-domain-specific functionality. Thereby, the heterogeneity of ubiquitous computing environments has to be taken into account*". Er stellt zwei weitere Eigenschaften für die Software vor, die sich speziell auf Ubiquitous Computing-Umgebungen beziehen (vgl. Tandler 2004, S. 23-31):

1. Die Software muss fähig sein in Umgebungen in denen sich mehrere heterogene Geräte befinden zu funktionieren.

2. Die Software muss außerdem auf verschiedenen Plattformen, Interaktionsformen und Einschränkungen von Ressourcen funktionieren können.

3.3.2 Hardwareanforderungen

Haselhoff beschreibt Kontextsammlung-Techniken als eine Hierarchie, in der die „Kontextsensoren" in unterster Ebene stehen und Grobinformationen aus der Umwelt beziehen. Sie beschreibt den Kontextsensor als „*... any hardware and/or software system that provides data about the entire or a part of the context of one or more entities.*" Danach gibt sie einen Überblick über verschiedenen Kontextsensoren: Sensoren für das Kontextelement Ort (z.B. satellitenbasierte Systeme), Bewegung (z.B. optische Systeme), Aktivität (z.B. Abfragen der Aktivitätsliste in einem Computer), physischer Zustand (z.B. Blutdruckmessgerät), Emotion (z.B. spezielle Messgeräte des psychischen Zustands), Erreichbarkeit (besonders wichtig im ad-hoc networking), Umwelt (z.B. Mikrofon) (vgl. Haselhoff 2005c, S. 105-109).

Die erste Anforderung an Hardware ist das Erfassen des Kontextes anhand von Sensoren (z.B. durch die o.g. Sensoren). Die gesammelten Daten aus der Umgebung müssen dann natürlich zur selbst-adaptiven Software übertragen werden, damit sie bearbeitet werden können. Da gibt es einen Bedarf an einem Übertragungsmittel für Kommunikation zwischen Software und Sensoren. Dafür gibt es viele Kabel- und Funktechniken. Um die Daten bearbeiten zu können, ist eine Hardware bzw. ein Prozessor nötig, worauf die selbst-adaptive Software läuft.

4   Anwendungsgebiete

Wie bereits im Kapitel 3.1 besprochen, gibt es drei Klassen von Kontextinformationen: *technischer* Kontext (z.b. Bandbreite, verfügbare Ressourcen etc.), *sozialer* Kontext (z.b. Identität, Vorlieben etc.) und *physikalischer* Kontext (z.b. Ort, Beleuchtung etc.). Die Einsatzgebiete der selbst-adaptiven Software in diesem Kapitel wurden so ausgewählt dass es mindestens ein Anwendungsgebiet gibt, das stark auf einer Klasse von Kontext fokussiert. Einige Anwendungen beziehen sich auf mehr als eine Klasse.

Das Mobile Marketing (Kap. 4.1) fokussiert auf den sozialen Kontext, dagegen fokussieren ortsabhängige Dienste (Kap. 4.2) besonders auf den physikalischen Kontext und Embedded Devices (Kap. 4.3) auf den technischen Kontext. Ortsabhängige Dienste haben aber gleichzeitig Bezug auf den sozialen Kontext, sowie Embedded Devices auf den physikalischen. Das medizinische Umfeld (Kap. 4.4) bezieht sich gleichzeitig auf den sozialen und physikalischen Kontext. Signal Processing (Kap. 4.5) hat Bezug auf den technischen und physikalischen Kontext. Um die Anpassung zum sozialen Kontext genauer erklären, wird im Kapitel 4.6 das Anwendungsbeispiel Smart Home vorgestellt, welches auch den physikalischen Kontext beachtet.

Abbildung 4-1 verdeutlicht anhand eines Netzdiagramms die Beziehungen von Anwendungen zu Kontextinformationen.

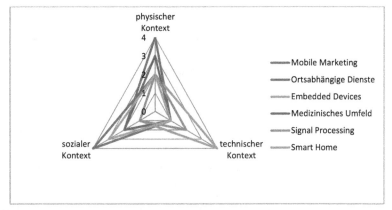

Abb. 4-1: Anwendungsgebiete in Bezug auf Klassen von Kontextinformationen (Quelle: eigene Darstellung)

4.1 Mobile Marketing

Das Mobile Marketing (MM) als Bereich des Mobile Commerce hat sich in der *Werbebranche* etabliert. Wiedemann und Pousttchi definieren Mobile Marketing wie folgt: *„Wir verstehen daher unter Mobile Marketing ein operatives Instrument der Marketing Kommunikation, das mobile elektronische Kommunikationstechnologien (in Verbindung mit mobilen Endgeräten) nutzt, um Güter, Dienstleistungen oder Ideen zu fördern..."* (Pousttchi/Wiedemann 2006, S. 2 f.)

Seit Anfang des 21. Jahrhunderts ist das Thema Mobile Marketing zu einem Begriff und festen Bestandteil in Wissenschaft und Praxis geworden. Die Entwicklung wurde unter anderem durch Großereignisse wie der FIFA Fußball-WM 2006, aber auch durch neue Übertragungstechnologien wie UMTS vorangetrieben. Treiber sind auch moderne Endgeräte, die den Trend unterstützen und mobile Kampagnen attraktiv machen (vgl. Landsmann 2008, S. 3). Durch die gezielte Ansprache können zudem Streuverluste im Vergleich zur klassischen Printwerbung wie auch anderer Werbemaßnahmen verringert werden. Dies stellt für das Marketing eine interessante und herausfordernde Möglichkeit dar, differenzierte Zielgruppen direkt, schnell, persönlich und kontextspezifisch anzusprechen.

Mobile Marketing-*Kampagnen* verzeichnen seit einigen Jahren hohe Zuwachsraten. Das Handy übernimmt die Funktion der zentralen Schnittstelle zwischen den Kommunikationsinstrumenten und den avisierten Konsumenten. Hier wird anhand eines Beispiels den Begriff Mobile Marketing-Kampagne erläutert.

Beispiel

Im August 2003 wurde das Produkt „tic tac" von Ferrero neu positioniert. Dazu wurde ein neuer TV-Spot mit dem Claim „tic tac and Talk" produziert. Durch die MindMatics AG sollte der TV-Spot im Sommer 2004 von einer mobilen Kampagne begleitet und erweitert werden. Der Einsatz einer innovativen und modernen Mobile Marketing-Kampagne sollte die Attraktivität der Marke bei den Konsumenten steigern. Im Vordergrund der Kampagnenentwicklung standen Interaktivität und Kommunikation mit und zwischen den Konsumenten. Als Anreiz zur Teilnahme wurde ein Gewinnspiel entworfen, in dem 1000 Handys zu gewinnen waren (vgl. Landsmann 2008, S 20).

Auf jedem der eingesetzten Instrumente wurde auf die anderen Werbekanäle und Dienstleistungen hingewiesen, so dass der Konsument weitere mobile Dienste in Anspruch nehmen konnte. Beispielsweise enthielt die Antwort-SMS, die der Kunde nach Versenden des On-Pack-Kennworts erhielt, einen Hinweis auf die Internetseite von tic tac. Über dieses Portal konnten weitere mobile Dienste genutzt werden, die mit der Marke und dem Claim des Herstellers gebrandet waren. Durch diese Art der Verteilung der Werbebotschaft sollte ein so genannter viraler Effekt (Mund-zu-Mund-Propaganda) entstehen und sich die Reichweite der Kampagne vergrößern. Hier konnten über das Internetportal etwa kostenlose SMS und MMS an Freunde und Bekannte versendet werden, die ebenfalls einen Verweis auf die Kampagne enthielten. Die Ergebnisse (400.000 Teilnehmer an der Kampagne) verdeutlichen, dass die Möglichkeit zur kostenfreien Kommunikation mit Freunden und Bekannten sehr gut angenommen wird und sich mit diesem Mittel der erwünschte Effekt des Mobile Marketings erfolgreich umsetzen lässt (vgl. Figge/Piscitello 2005, S. 10).

Aus Sicht des Unternehmens besteht der Nutzen der mobilen Kampagne in einer effizienteren Ansprache des Kunden und damit in einer effizienteren Nutzung von Werbebudgets. Dies resultiert maßgeblich aus einer genaueren Zielgruppenansprache und einer möglichen Individualisierung der Kundenbeziehung, da der Kunde eindeutig über das mobile Endgerät identifizierbar ist. Bei klassischen Produktverpackungskampagnen wird dem Kunden die Möglichkeit geboten durch das Einsenden von Postkarten oder Briefen an Gewinnspielen teilzunehmen, oder sich Prämien zu sichern. Dahingegen bedeuten mobile On-Pack Promotions in erster Linie eine starke Vereinfachung der Teilnahmebedingungen. Zudem kann die Teilnahme per SMS unmittelbar stattfinden (vgl. Figge/Piscitello 2005, S. 11-15).

4.2   Ortsabhängige Dienste

Das Ziel vieler Unternehmen ist die Konsumentenpräferenzen mit genau auf sie zugeschnittenen individualisierten Angeboten individuell zu erfüllen. Dieser Zielsetzung scheint man heute, im Zeitalter der mobilen Kommunikation, in der jeder Nutzer durch sein mobiles Endgerät identifizierbar und meist auch *lokalisierbar* ist, einen weiteren Schritt näher gekommen zu sein (vgl. Hess/Rauscher 2005, S. 1).

Gerade durch die Entwicklung kontextsensitiver Technologien kann diese Individualisierung durch das Heranziehen von Kontextinformationen in stärkerem Maße realisiert und auch automatisiert werden.

Mobile Geräte können in bestimmten Fällen ihren aktuellen Standort ermitteln und einer Applikation zur Verfügung stellen. Zur *Positionsbestimmung* existieren verschiedene Verfahren basierend auf zwei wesentliche Methoden: Positionierung durch Satelliten (das wichtigste Beispiel ist GPS) und GSM-Positionierung. Ortsabhängige Dienste werden auch als LBS (*Location Based Services*) bezeichnet. Durch Positionierung lassen sich interessante Applikationen erstellen:

- Reiseführung per Telefon, wodurch das Erhalten von Informationen zu Sehenswürdigkeiten möglich ist (Touristeninformationssystem).

- Wenn die Tankanzeige eines Autos ein bestimmtes Maß unterschreitet, werden Tankstellen in der Nähe bzw. auf dem Weg, auf dem LCD des Navigationssystems ausgegeben.

Turowski und Pousttchi haben in ihrem Buch „Mobile Commerce" zwei Kriterien zum Kategorisieren ortsabhängiger Dienste verwendet: bei der Ausführung ortsbezogener Dienste können zwei Elemente unterschieden werden, der *Auslöser*, der die Ausführung des Dienstes veranlasst, und das *Ziel*. Die Dienstausführung erfolgt entweder abhängig vom Standort des Auslösers oder dem des Ziels oder den zueinander in Beziehung gesetzten Standorten beider. Damit gilt für jedes dieser beiden Elemente entweder, dass sein Standort für die Anwendung relevant ist und ermittelt werden muss, oder dass sein Standort zwar relevant, aber statisch ist und aus einer Datenbank abgerufen werden muss oder dass sein Standort irrelevant ist. Damit entsteht eine Matrix mit 9 Feldern. Da Positionierung das Hauptthema des LBS ist, sind nur 5 Situationen relevant (Abb. 4-2) (vgl. Turowski/Pousttchi 2004, S. 77 ff.). In Abbildung 4-2 sind typische Beispiele von ortsabhängigen Diensten aus verschiedenen Kategorien zu sehen.

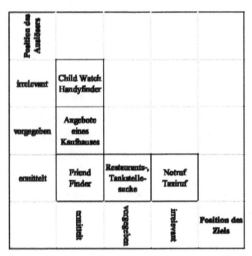

Abb. 4-2: Kategorisierung ortsbezogener Dienste (Quelle: In Anlehnung an Turowski/Pousttchi 2004, S. 80)

Hier wird anhand eines Beispiels aufgezeigt wie sich ortsabhängige Dienste auch auf sozialen Kontext beziehen. In diesem Fall entsteht eine ortsabhängige Applikation mit Bezug auf Mobile Marketing:

Beispiel

Navigationssysteme können einen großen Beitrag zum Mobile Marketing leisten. Dafür müssen Verträge zwischen Navigationssystem-Herstellern und den Geschäften abgeschlossen werden, um die genaue Position und eine kurze Beschreibung der Geschäfte im System zu integrieren. Handy-Navigationssysteme können besonders Reisende und Touristen die nach Einkaufsmöglichkeiten suchen, als neue Kunden für Geschäfte gewinnen.

Eine Applikation, welche im Auto gemäß der Fahrerwünsche nach der nächstgelegenen Gastronomie, Tankstelle, Werkstatt oder Supermarkt sucht, ist ebenso ein gutes Beispiel für Mobile Marketing.

4.3 Embedded Devices

Embedded Device ist ein Computersystem, das in einem anderen Gegenstand (kein Computer), versteckt ist. Embedded Devices ermöglichen es somit, Nicht-Computer-Produkte flexibler und steuerbarer zu gestalten. Sie reichern Gegenstände mit Fähigkeiten zur Sensorik, Wahrnehmung und Kommunikation an und stellen ihnen Rechenleistung zur Verfügung (vgl. Diekmann/Hagenhoff 2003, S. 24). Ein Computersystem in einem Auto ist auch ein Embedded Device.

Laddaga und Robertson beschreiben selbst-adaptive Software als nutzbar für alle Formen von Embedded Software: *„This includes robotics, manufacturing plants, avionics, vehicle control, sensor systems, and others."* (Laddaga/Robertson 2006, S. 2). Sie beschreiben in einer anderen Arbeit zusammen mit Shrobe (veröffentlicht in "The second International Workshop on Self Adaptive Software, 2001"), die Embedded-Systeme wie folgt: *„Embedded systems are systems in which computer processors control physical, chemical, or biological processes or devices. Examples of such systems include cell phones, watches, CD players, cars, airplanes, nuclear reactors, and oil refineries. Many of these use several, hundreds, or even thousands of processors."* Die Prozesse aus der realen Welt werden von Embedded-Systemen überwacht. Diese Beobachtung der realen Welt und ihren Änderungen liefert die Argumente für selbst-adaptive und selbst-Optimierung Software (vgl. Laddaga et al. 2003, S. 2).

Embedded Devices haben drei wesentliche Schnittstellen zu ihrer Umwelt: Netzwerkschnittstellen, Benutzerschnittstellen und Sensoren. Netzwerkschnittstellen sollen es Embedded Devices ermöglichen mit anderen Embedded Devices bzw. mit anderen Computern zu kommunizieren. Dazu ist eine Vernetzung notwendig, über die die notwendige Kommunikation abgewickelt wird. Die mit den Sensoren gewonnenen Daten sollen Embedded Devices befähigen, den Kontext in dem sie sich befinden zu erfassen. Auf Basis des Kontextes ist es dann möglich, Entscheidungen zu treffen bzw. Aktionen auszulösen, und damit die Benutzerschnittstellen zu fördern (vgl. Diekmann/Hagenhoff 2006, S. 3). Die Kommunikation zwischen Mensch und Computer soll möglichst effizient gestaltet werden. Es ist angedacht, dass Computer anhand des Kontextes erkennen welche Aufgaben sie zu erfüllen haben. Hier kommt eine selbst-adaptive Software eingebettet im Gerät bzw. in einem Embedded Device zum Einsatz.

Wearable Computer sind ein Sonderfall von Embedded Devices, welche besondere Aufmerksamkeit im Ubiquitous Computing auf sich ziehen. Wearable Computers sind kleine Computer, die vom Anwender am Körper getragen werden und ständig einsatzbereit sind. Sie müssen nicht jedes Mal vor dem Gebrauch erst eingeschaltet werden (vgl. Diekmann/Hagenhoff 2003, S. 25).

4.4   Medizinisches Umfeld

Mobile Geräte erleichtern die *Visite* von Ärzten. Diese zeigen bei jedem Patienten einer Station die für den Arzt notwendigen Informationen zum Krankheitsverlauf an. Umgekehrt kann der Arzt neue Informationen zu einem Patienten direkt ins mobile Gerät eingeben, welche dann automatisch in das bestehende System überführt werden. Dieser Anwendungsbereich ähnelt der *Telemedizin*, wo der Patient und der Arzt sich gar nicht treffen. Durch rapide Fortschritte in der Informations- und Kommunikationstechnik, erstellt die Telemedizin neue Sparpotenziale (vgl. Dendl/Gora 2002, S. 373 ff.). Papierkosten, Fehler bei der manuellen Erfassung und Falschmedikationen könnten so gesenkt werden. Durch medizinische Sensoren werden vom Patienten selbst seine zu überwachenden Werte ermittelt, welche online mittels Mobilfunkanbindung oder Modem an die datenhaltende Stelle übermittelt werden. Der Arzt bestimmt dann die nötigen Maßnahmen. Somit entsteht ein telemedizinischer Regelkreis.

Eine andere Anwendung könnten *Personennotrufsysteme* sein. Es gibt bereits kommerzielle Produkte für Notrufsysteme (vgl. Meier/Stormer 2005, S. 201). Mit einem Personennotrufsystem kann sein Besitzer (meistens ältere Personen) im Falle einer Notsituation schnelle Hilfe anfordern. Der Notruf erfolgt entweder manuell oder automatisch. Hier hilft eine selbst-adaptive Software, welche den physischen Zustand (z.B, die Herzfrequenz oder den Blutdruck) der Person überwacht. Im Falle einer Abweichung der Werte wird ein Notruf an eine vorgegebene Stelle gesendet.

Selbst-adaptive Software kann umfangreich in Krankenhäusern eingesetzt werden. Geräte können durch Sensoren die Patienten überwachen und nötige Anweisungen geben. Dabei sinkt die Arbeitslast der Ärzte und Krankenschwestern. Abbildung 4-3 zeigt einige Einsatzmöglichkeiten der selbst-adaptiven Software.

4.5   Digital Signal Processing

Ein anderes Anwendungsgebiet der selbst-adaptive Software ist in den *Digital Signal Processing (DSP)-Systeme*. DSP-Systeme werden umfangreich in Kommunikations-, Medizin- und Radaranlagen verwendet. DSP-Systeme müssen Echtzeit-Voraussetzungen erfüllen. In einer Echtzeit-Vibrationsanalyse von Turbinenmotor variiert die Rechenleistung in Größen von GFLOPS pro Sekunde.

Janos Sztipanovits und seine Kollegen an der Universität Vanderbilt (Tennessee, USA) haben in ihrer Arbeit im Jahre 1998 ein Extrembeispiel gefunden, wo sehr große Mengen von Daten behandelt werden müssen: CADDMAS (*Computer Assisted Dynamic Data Monitoring and Analysis System*), welches für U.S. Air Force und NASA zum Belastungstest der Antriebe entwickelt worden ist. Zum Testen, läuft der Antrieb für 8 bis 12 Stunden, instrumentiert mit vielen Sensoren, um so viel Informationen zu schaffen wie möglich. Dieser Testprozess ist teuer. Um die Kosten zu reduzieren, sollen die Daten aus Sensoren in Echtzeit analysiert werden und ein schnelles Feedback zum Benutzer übermittelt werden. Ungefähr 300 Sensoren senden Signale in Raten von 100KHz. Was mit den Daten geschieht, beschreiben sie wie folgt: „*spectral analysis, auto- and cross-correlation, bi- and tri-coherence, and various customized combinations and manipulations of spectral and time-domain information. The information must be presented in animated, standard engineering graphics to allow results to be rapidly assimilated by the test/analysis engineers.*" Das System muss mehr als 100MB/s an Daten verarbeiten (vgl. Sztipanovits et al. 1998, S. 66 f.).

Eine adaptive Softwarearchitektur soll das Design der Software vereinfachen und den Ablauf verbessern. DSP-Systeme werden mit Signalflussgraphen repräsentiert, wo Knoten die Operatoren, und Kanten den Signalfluss repräsentieren. Solche Graphen werden z.B. mit Matlab (vom Softwarehaus MathWorks) erstellt. Im genannten Beispiel, muss manchmal die Rechenarchitektur geändert werden (d.h., die Topologie des Graphen bleibt nicht unverändert). Die neue Architektur nimmt an, dass zwei richtige Eingaben von zwei Sensoren existieren. Möglicherweise versagt ein Sensor und sendet falsche Daten, welche falsche Kalkulationen und Aktionen verursachen. Diese wird durch Neukonfigurieren (oder Rekonfigurieren) der Rechenstruktur vermieden. Die Laufzeitobjekte (z.B. Knoten im Graphen) müssen deaktiviert, entfernt und durch neue ersetzt werden. Dann müssen die Datenflüsse wiederhergestellt werden. Ein adaptives Signal Processing-System erbringt diese dynamische Neukonfiguration (vgl. Sztipanovits et al. 1998, S. 66-73).

4.6   Smart Home

Das *Smart Home* (auch *intelligente Haus, eHome*) ist ein typisches Beispiel von Ubiquitous Computing.

Unter dieser Bezeichnung versteht man allgemein die Integration von softwarebasierter Regelungstechnik aus der *Gebäudeautomation* mit einem über mehrere unterschiedliche Geräte hinweg verteilten Informationssystem (Fahrmair 2005, S. 21).

Man braucht sich an dieser Stelle nur vorzustellen, wie man sein Haus verlässt und die Türe abschließt: Als Konsequenz gehen sämtliche Lichter automatisch aus, die Heizung wird gedrosselt und die Alarmanlage wird angeschaltet. Die Herdplatte erkennt, dass man vergessen hat, sie auszuschalten und der Kühlschrank meldet per Alarm, dass seine Temperatur ansteigt und die Lebensmittel zu verderben drohen. Entscheidend für ein intelligentes Zusammenspiel ist, dass die Geräte untereinander kommunizieren können (vgl. Mittich 2002, S. 359).

Grund für die bessere und auch kritischere Erforschung von Szenarien aus dem Bereich der Gebäudeautomation ist, dass diesen (z.B. im Vergleich mit Anwendungen aus dem Automobilbereich) als einzige ubiquitäre Anwendung für die nähere Zukunft eine begrenzte Marktrelevanz vorausgesagt und damit auch eine gewisse öffentliche Aufmerksamkeit zu Teil wird. Die Vernetzung im Haus wird in der Zukunft des modernen Bauens und Wohnens eine erhebliche Rolle spielen. So gaben beispielsweise 75% von 1000 befragten online-Nutzern aus Deutschland in einer Studie des Beratungsunternehmens Media Transfer AG an, dass sie sich ein Haus wünschen, in dem alle technischen Geräte und Funktionen miteinander vernetzt sind und von einem Zentralrechner überwacht und gesteuert werden (vgl. Mittich 2002, S. 359). Die Zielgruppe sind v.a. Eigenheimbesitzer. Sie haben 3 Motive für solch einen Dienst: *Sicherheitsbedürfnis*, *Mobilität* (dazu braucht man auch eine Schnittstelle zum Außenwelt bzw. Internet um Fernsteuerung und Fernüberwachung zu ermöglichen), und *technische Fortschritte* in der Umsetzbarkeit (daraus erfolgt mehr Auswahl mit sinkenden Preisen für Kunden).

Für die Eignung als Grundlage einer Fallstudie ist aber ebenso von erheblichem Belang, dass ein entsprechender Prototyp mit vertretbarem Aufwand realisiert und unter praxisnahen Bedingungen (z.B. in den eigenen vier Wänden) über einen längeren Zeitraum hinweg beobachtet werden kann. Hier ist ein Beispiel wo eine selbst-adaptive Software mit Hilfe von Sensoren das Zusammenspiel von Haushaltsgeräten steuert (vgl. Fahrmair 2005, S. 269):

Ein Arbeitstag

5:30 Uhr. Während die Bewohner A und B noch schlafen, schließt sich das Fenster im Schlafzimmer selbsttätig. Gleichzeitig beginnt die Heizung zu arbeiten um Schlafzimmer, Küche, und Bad auf 22° zu erwärmen.

5:45 Uhr. A und B müssen um 6 Uhr aufstehen. Es beginnt ein mehrstufiges Weckprogramm. Die Helligkeit im Raum wird stetig erhöht, dazu spielt sanfte Musik. In der Küche wird die Kaffeemaschine aktiviert.

5:55 Uhr. Die Jalousie im Schlafzimmer öffnet sich. In der Küche wird der Toaster gestartet.

6:00 Uhr. Ein lautes Wecksignal ertönt.

6:15 Uhr. Während die Bewohner noch beim Frühstück sitzen, wird die Fußbodenheizung im Bad aktiviert. Gleichzeitig wird die Raumtemperatur im Bad auf 24° erhöht.

6:20 Uhr. Der Bewohner A duscht. Die Lüftung wird aktiviert, um die entstehende Feuchtigkeit zu ventilieren. Bewohner B öffnet den Kleiderschrank und wählt eine passende Bekleidung aus, während der lokale Wetterbericht für den heutigen Tag vorgelesen wird.

6:30 Uhr. Bewohner B ist im Bad und hört dabei die wichtigsten Schlagzeilen und Börseninformationen. Bewohner A kleidet sich ebenfalls an und hört dabei die lokale Wettervorhersage für die Stadt, in die er heute reisen wird.

6:40 Uhr. Bewohner A verlässt das Haus. Eine akustische Meldung teilt ihm mit dass er seinen Schlüssel vergessen hat.

Etc.

5   Fazit und Ausblick

Diese Arbeit hat sich mit Anwendungsgebieten der selbst-adaptive Software beschäftigt.

Es wurden zunächst im zweiten Kapitel die Begriffe „Mobile Computing" und „Ubiquitous Computing" definiert und die Einordnung in das selbst-adaptive System aufgezeigt. Dann wurde auf Definitionen von „selbst-adaptive Software" in der Literatur eingegangen.

Das dritte Kapitel hat zuerst die Merkmale des Kontextes und Herausforderung der Softwareentwicklung aufgezeigt. Danach wurden die Variationen von dynamischen Adaptionen erklärt. Abschließend wurden die Anforderungen an selbst-adaptive Systeme betrachtet.

Die Gründe für die Auswahl von Einsatzgebieten wurden im Anfang vom Kapitel vier erläutert. Daraufhin wurden die Anwendungsgebiete Mobile Marketing, ortsabhängige Dienste, Embedded Devices, medizinisches Umfeld, Signal Processing und Smart Home anhand von Beispielen dargestellt.

Viele Mobiltelefone sind schon heute kleine mobile Computer, die Zugang zu E-Mail und Internet bieten und immer öfter genügend Rechenkapazität besitzen, um als Plattform für mobile Anwendungen zu dienen. Betrachtet man die augenblickliche technische Entwicklung, wird es klar, dass dynamische Adaptivität ein hervorstechendes Merkmal der Software sein wird. Wir brauchen anpassungsfähige, robuste Software, die trotz dynamisch schwankender Kontexteigenschaften ihre Nützlichkeit – so gut es geht – behält. Der Einsatzbereich für selbst-adaptive Software ist sicherlich sehr groß und kann in vielen Applikationen nützlich sein. Diese Arbeit zeigte nur einige bereits realisierte Anwendungen auf, aber die selbst-adaptive Software kann bestimmt in der Zukunft viel mehr zur Nützlichkeit der Computer beitragen.

6 Literaturverzeichnis

Caus 2006: Caus, T.: Konzeption und Implementierung eines Frameworks für personalisierbare, auf Bluetooth basierende Informationsdienste, Göttingen 2006.

Coulouris et al. 2006: Coulouris, G.; Dellimore, J.; Kindberg, T.: Distributed Systems: Concepts and Design, Harlow [u.a.] 2006.

Dendl/Gora 2002: Dendl, H.; Gora, W.: Telemedizin in der Anwendung. In: Gora, W.; Röttger-Gerik, S. (Hrsg.): Handbuch Mobile-Commerce, Berlin [u.a.] 2002, S. 373-380.

Diekmann/ Hagenhoff 2006: Diekmann, T.; Hagenhoff, S.: Ubiquitous Computing-Technologien zur Integration der realen Welt in betriebliche Informationssysteme. In: Schumann, M. (Hrsg.): Arbeitsbericht Nr. 15/2006, Göttingen 2006.

Diekmann/Hagenhoff 2003: Diekmann, T.; Hagenhoff, S.: Ubiquitous Computing: State of the Art. In: Schumann, M. (Hrsg.): Arbeitsbericht Nr. 24/2003, Göttingen 2003.

Fahrmair 2005: Fahrmair, M. R.: Kalibrierbare Kontextadaption für Ubiquitous Computing, München 2005.

Figge/Piscitello 2005: Figge, S., Piscitello, F.: Mobile Marketing von Mindmatics. In: Hess, T., Hagenhoff, S., Hogrefe, D., Linnhoff-Popien, C., Rannenberg, K., Straube F. (Hrsg.): Mobile Anwendungen – Best Practices in der TIME-Branche: Sieben erfolgreiche Geschäftskonzepte für mobile Anwendungen, Göttingen 2005, S. 7-16.

Geihs 2008: Geihs, K.: Selbst-adaptive Software. In: Informatik Spektrum 31 (2008), S. 133-144.

Haselhoff 2005: Haselhoff, S.: Context Awareness in Information Logistics, Berlin 2005.

Hess/Rauscher 2005: Hess, T.; Rauscher, B: Kontextsensitive Inhaltebereitstellung: Begriffserklärung und Analysegrundlagen, München 2005.

Hutzler 2008: Hutzler, T.: Selbst-adaptive Software, Hamburg 2008, S. 7.

Krcmar 2005: Krcmar, H.: Informationsmanagement, Vierte überarbeitete und erweiterte Auflage, Berlin [u.a.] 2005, S. 507.

Laddaga et al. 2003: Laddaga, R.; Robertson, P.; Schrobe, H.: Introduction to Self-adaptive Software: Applications, Springer-Verlag Berlin [u.a.] 2003, S. 2.

Laddaga/Robertson 2006: Laddaga, R.; Robertson, P.: Self Adaptive Software: A Position Paper. In: SELF-STAR: International Workshop on Self-* Properties in Complex Information Systems, Bologna 2004.

Landsmann 2008: Landsmann, F.: Potenziale und Grenzen des Mobile Marketing in Deutschland, Göttingen 2008.

Mattern 2003: Mattern, F.: Vom Verschwinden des Computers. In: Mattern, F. (Hrsg.): Total vernetzt: Szenarien einer informatisierten Welt, Berlin [u.a.] 2003.

McKinley et al. 2004: McKinley, P. K.; Sadjadi, S. M.; Kasten, E. P.; Cheng, B. H. C.: Composing Adaptive Software. In: Computer 37 (2004), S. 56–64.

Meier/Stormer 2005: Meier, A.; Stormer, H.: eBusinesss & eCommerce, Management der digitalen Wertschöpfungskette, Berlin [u.a.] 2005, S. 201.

Mittich 2002: Mittich, G.: Telemedizin in der Anwendung. In: Gora, W.; Röttger-Gerik, S. (Hrsg.): Handbuch Mobile-Commerce, Berlin [u.a.] 2002, S. 359.

Oreizy et al. 1999: Oreizy, P.; Gorlick, M. M.; Taylor, R. N.; Heimbigner, D.; Johnson, G.; Medvidovic, N.; Quilici, A.; Rosenblum, D. S.; Wolf, A. L.: An Architecture-Based Approach to Self-Adaptive Software. In: IEEE INTELLIGENT SYSTEMS 1999, S. 54-62.

Pascoe 2001: Pascoe, J.: Context-Aware Software, Canterbury 2001.

Pousttchi/Wiedemann 2006: Pousttchi, K., Wiedemann, G.: Mobile Marketing: Begriffserklärung und Kategorisierung. Arbeitspapier der Arbeitsgruppe Mobile Commerce, Augsburg 2006. http://www.-wimobile.de/fileadmin/Papers/MM/Mobile-Marketing-Begriffsklaerung-und-Kategorisierung_46-21.pdf, Abruf am 2008-12-01, S. 2-3.

Rousch 2005: Rousch, W.: Soziale Maschinen. In: Vasek, T. (Red.): Tecnology Review-Archive, 2005-08, S. 56. http://www.-heise.de/kiosk/archiv/tr/2005/8/56_kiosk

Samulowitz 2002: Samulowitz M.: Kontextadaptive Dienstnutzung in Ubiquitous Computing Umgebungen, München 2002, S. 30-31.

Schilit et al. 1994: Schilit, B.; Adams, N.; Want, R.: Context-Aware Computing Applications, in: IEEE Workshop on Mobile Computing Systems and Applications 1994, S. 1.

Sztipanovits et al. 1998: Sztipanovits, J.; Karsai, G.; Bapty, T.: Self-Adaptive Software for Signal Processing. In: Communications of the ACM 41 (1998), S. 66-73.

Tandler 2004: Tandler, P.: Synchronous Collaboration in Ubiquitous Computing Environments: Conceptual Model and Software Infrastructure for Roomware Components, Darmstadt 2004.

Turowski/Pousttchi 2004: Turowski, K.; Pousttchi, K.: Mobile Commerce, Grundlagen und Techniken, Berlin [u.a.] 2004.

BEI GRIN MACHT SICH IHR WISSEN BEZAHLT

- Wir veröffentlichen Ihre Hausarbeit, Bachelor- und Masterarbeit

- Ihr eigenes eBook und Buch - weltweit in allen wichtigen Shops

- Verdienen Sie an jedem Verkauf

Jetzt bei www.GRIN.com hochladen und kostenlos publizieren